永井 隆の
十字架の道行

絵　永井　　隆
解説　結城　了悟

サンパウロ

目　次

※本書における聖書の引用は、『聖書　新共同訳』（日本聖書協会発行）によっています。
※本書に登場する方々の肩書は、本書が執筆された二〇〇三年四月当時のものを用いました。

『永井隆の十字架の道行』の再発行にあたって

故結城了悟神父の著作の内、『永井隆の十字架の道行』は極めて異例な作品であると言えます。と言いますのも、その内容が専門とするキリシタン時代のものではなく、現代の他人が残した絵に、自分の解説を合わせて出版するというもので、そのような内容は結城神父にとりまして一回限りのことだったと思います。

この本が出される過程に関わった私ですが、当初は、永井博士の絵にひかれたとはいえ結城神父が出す本ではないと感じました。しかし、永井家の人々や出版社などと話していくうちに「結城神父が出すしかない本」と思うようになりました。

長い時間とさまざまな出来事を通して、今回、再発行されることを大変有意義に感じています。幾つかの理由をあげます。

そもそもこの本が出されるきっかけとなったのは、「長崎の教会群を世界遺産に」という運動でした。長崎の信仰の歴史が世界遺産として登録されたことを考えれば、その道を静かに準備した先輩たちのことがこの本を通じて思い出され、感謝に堪えません。

原発事故などに今も悩まされる日本にあって、原爆を体験した永井博士の心がこの「十字架の道行」の絵を通して伝わってきます。「パパ様の船」を待ち続けた潜伏キリシタンの子孫たちと、常に共にあった永井博士が描いた絵が、パパ・フランシスコが来日する年に再発行されること。これは願ってもないタイミングであり、長崎と教皇との関係には四五〇年を超える歴史があることの再確認となります。

この新装版が祈りの体験と、先輩たちへの感謝の源となりますように心から祈ります。

日本イエズス会管区 管区長　デ・ルカ・レンゾ

1　道は歩いてつくられる

「旅人よ、道が無い、歩いてつくられる。」

一人の詩人の言葉は、人間のいちばん古い出来事の一つを指している。どこか見知らぬ土地で最初に道を切り開いた人は、時にはそれに命を懸けた。その後に続く人々が、その足で土を踏み固め、次第に道は広がり、ついに完成した道を大勢が通っていく。

精神の道の場合には、それを開いた人が通った後に残るのは、その人の生き方の模範と導きだけである。後について行きたい人は、その教えに従っていく。最も険しく理解しがたい道は、自分に与えられた十字架を背負って生涯の道を完成することである。

したがってイエスは、私たちの目の前にすべての人々の十字架を背負ってゴルゴタへの道を歩んだ。その行為は私たちに向かって、「わたしがしたように、あなたもするようにと模範を示した」と勧めている。

二〇〇二年十月半ば頃、長崎市の某デパートで、明治・大正時代、西海国立公園の美しい自然の中に建てられた天主堂についての展示会が開催された。基本的には一人の建築写真家の撮影したパネル作品を展示することであったが、同時に各教会からの小さな宝物、すなわち、建築当時の資材、すでに使用されていない道具や美術品の展示依頼を受けた。

平戸島の紐差教会の巡回教会である木ヶ津教会からは、「十字架の道行」の十四枚の絵が届けられた。初めてその絵を見て描いた人の名前を耳にした時、私は驚き、その絵とそこに秘められる歴史をできるだけ多くの人々に知ってもらいたいという望みが湧いてきた。その望みを起こさせたものは、主に次の三つの理由であった。

①絵がパウロ永井隆の作品であること。
②永井隆が死を迎える少し前にその絵を描き、それが彼の奉献の準備であったこと。
③十字架の道行という信心が、日本ではキリシタン時代から永井隆の日々まで殉教者や圧迫された信者たちを支えてきたものであること。

言うまでもなく本書で価値があるのは十四枚の絵とその歴史であって、私はただ、右に挙げた三つの理由に含まれている祈り、愛、苦しみを理解できるように簡単な解釈だけを付け加えたい。

＊＊＊＊＊＊＊＊＊

長崎、一九五〇年の秋深まる頃であったろう。夕暮れ時には気温が下がり、浦上川の谷間に冷たい風が吹きこんでくる。仕事場から家路につく人々が足早に歩を進める。その頃、道筋の如己堂《にょこどう》の一坪の部屋で病臥《びょうが》する人は、夜の仕事の準備にとりかかる。

「昼間には原稿はほとんど書けない。そなたたちが寝てしまってから後、だれにも仕事を切られないで続けることのできる夜中に、原稿は書かれてゆくのである。だから、コーヒーか、お茶か、いつも傍らに用意しておいてある。」

（『いとし子よ』）

このように永井隆は晩年の仕事ぶりを説明している。当時、または少し前に身体のひどい衰弱にもかかわらず最後の本の原稿を書き終えていた。それは『乙女峠』、島根県津和野に流された浦上の信徒の旅と殉教の物語であったが、本の発行の前の一九五一年五月一日、永井隆も旅路を終えた。その一九五一年の初めか少し前に、夜の静寂の中で祈りながら最後の力を振りしぼってもう一つの仕事にかかっていた。それは「十字架の道行」の十四枚の絵を描くことであった。睡魔と闘いながらコーヒーを口にする。手が疲れると、寝床のそばの絵具箱に筆を休めてロザリオを握って祈る。少し力が戻ると、また筆を取る。一カ月の間だけでその仕事を終えたと言われている。それは信じがたいことであるが、もっと時間がかかっても、弟永井元の助けがあったとしても、大変な努力を要したに違いない。その十四枚の絵を並べて比べてみると、だんだんと輪郭が曲がり、ところどころに絵の具がはみ出ていることが、手の震えを示している。

永井隆が描いた十四枚の道行の絵はヨーロッパの中世のベネディクト会の修道院で製作された写本の細密画と同じように、信仰と愛の歴史を物語る。

永井隆の場合には精神的、肉体的な苦痛によって試された愛である。その絵は、イエスのご受難と関わった人物の姿と一人一人の心を描写している。イエスの顔が、ある時には苦痛を、別の時には感謝を、または御父のみ旨を受け入れることを表しているが、いつも同じ荘厳な静寂さがあふれている。鞭《むち》打つ執行人の残酷な顔、ファリサイ人の意地悪な嘲笑が敵意を表現し、そして、聖母マリアの優しい顔に浮かぶ憐れみと悲しみが、永井隆の黙想、愛、そして経験を物語っている。

私たちはこの絵を眺めながら永井隆の最後の日々における心情を知ることができる。自分の生涯の終わりが間近に迫っているのを知っている彼にとって、十字架の道行を描くことは最もふさわしい準備であった。静かに神に信頼し、ご受難のイエスと対話しながら自分も十字架への道を歩んだ。

若い時からの医師への夢を育んでいたが白血病にかかり、原爆で打撃を受けた長崎医科大学の病院に移されて、心の平和を保ちながら、五月一日、そこで神にすべてをささげた。

坂本町の外国人墓地の入り口左側に名誉市民の称号を得たパウロ永井隆の質素な墓が、自ら選んだ聖書の言葉をもって最後のメッセージを伝えている。

「私はとるにたりない召使です。しなければならないことをしただけです。」

（ルカ十七章10）

2　イエスのご受難とイエスの道行

ご受難という言葉はラテン語で「Passio」、日本のキリシタン時代では「御パシヨン」と言われていた。すなわち、主イエスが最後の晩餐から十字架上で御父の手に霊魂を委ねるまで、精神的にも肉体的にも耐えた苦しみを指している。教会の典礼では、その苦しみをご復活とご昇天の栄光の喜びに合わせて過越の神秘と呼ばれる。

新約聖書では、イエスの使徒たちがその苦しみについて話す時、私たちにとって模範と救いへの道であると教えている。たとえば、聖ペトロはその最初の手紙では次のように書いている。「キリストもあなたがたのために苦しみを受け、その足跡に続くようにと、模範を残されたからです。」（一ペトロ二章21）

ペトロが要求している「イエスに倣う」は、最初の教会では殉教者たちの態度に表れるが、とりわけエルサレムも含んだシリアの教会では、その精神が顕著であった。アンチオケの司教・聖イグナチオは、その優れた代表的な人物である。四世紀、イスラエルに巡礼したスペインの女性エテリアの覚書では、エルサレムで見たイエスの十字架に対する信心について述べている。聖アウグスチヌスも聖ベルナルドや他の聖人もイエスのご受難に対する信心の模範を残したが、十二世紀と十三世紀には、一般の信徒の間にもその信心が燃え上がっていた。

その時代にはイスラエルから戻る巡礼者たちの話が信心を広げ、またベネディクト会の修道者は、典礼や彼らが製作した宗教劇の中で具体的に信心の行い方を教示していた。劇中で「童貞女聖マリアの涙」と呼ばれた劇が大きな影響を及ぼした。そのような雰囲気の中でアシジの聖フランシスコは、ご降誕祭とご受難に対する信心にかたちを与えた。一つの表現は、「十字架の道行」であった。今でもその祈りの中で繰り返される言葉は、アシジの聖フランシスコが教えた祈りである。

「ああキリストよ、主は尊き十字架をもって世をあがない給いしにより、われら主を礼拝し、主を賛美し奉る。※」

十六世紀の日本では宣教師たちが教えたその信心がさまざまなかたちをとって、キリシタンたちの心に深く根を下ろした。たとえば、教会近くの丘には大きな十字架が立てられ、平戸、横瀬浦、口之津などでは、その場所は祈りの場となった。日本の最初の殉教者として記されている人、平戸のマリアおせんは、一五五九年、キリシタンたちの墓地に立つ十字架の前に祈りに行ったので、主人から首をはねられた。長崎では、現在の桜町はクルス（十字架）町と呼ばれていた。金曜日の夜、各教会ではご受難についての説教があって、その後、男たちはその場で鞭《むち》打ちの苦行をしていた。パウロ天草、筑前ダミアンなどの数人の日本人イルマンはご受難について上手な説教をすることで評判高く知られていた。『御パシヨンの観念』という本があって、文学者のイルマン・パウロ養方が作成した「舞い」がヨーロッパでの宗教劇と同じように親しまれていた。

その信心は、鎖国下にあってもキリシタンたちが大切に守り通してきたことを示す一つの出来事である。浦上四番崩れの終わりに牢屋から浦上に戻った信徒たちは、あの五年の間に口先だけでも信仰を捨てた信徒の贖《あがな》いとして、現在も十字架山と呼ばれる浦上の小高

※編集部 注「十字架の道行」で繰り返されるフランシスコが教えた祈りは、口語文として唱えられています。「主イエス・キリスト、あなたは尊い十字架と栄《は》えある復活によって世界を救ってくださいました。わたしたちはあなたを礼拝し、賛美します。」（『カトリックの祈り』サンパウロ発行）。

い丘に大きな十字架を立てた。そこでは四旬節には、今でも十字架の道行の祈りが行われる。十字架の道行は、十四留、または十五留に区切られている。

留と言うのは、十字架への道の黙想において、一場面ごとに立ち止まって考え、祈ることである。たいてい教会には、十字架やその場面を表す絵が内部の壁に掛けられている。病人や他の理由で教会に来ることができない人は、小さな十字架の前で祈りを唱えたり、イエスのご受難について黙想したりする。教皇ヨハネ・パウロ二世は古い伝統に従って、この祈りに十五番目の留としてイエスのご復活を加えた。

3　パウロ永井隆（一九〇八―一九五一）

短い命、純粋な回心、豊かな実り、永井隆の生涯は彼自身の著書や彼について書かれた他の著書、また論文によってよく知られているので、ここでは私はただ、彼の描いた十字架の道行をもっと理解できるように、簡単でもその生命の旅路のおもな出来事をまとめてみたい。

一九〇八年二月三日、松江市に生まれ幼年時代を三刀屋で過ごした。父・永井寛は医師、母はツネ、両親とも人格者で隆の性格に深い影響を及ぼした。中学、高校を卒業後、一九二八年、長崎医科大学に入学した。二年後の一九三〇年に母ツネは三刀屋で脳溢血で倒れ、隆がその枕元に駆けつけた時には、まだ意識があった。『ロザリオの鎖』で永井隆は印象的に最後の別れを書いている。

「その母の最後の目は、私の思想をすっかりひっくり返してしまった。私を生み、私を育て、私を愛しつづけた母が、別れに臨んで無言で私を見つめたその目は、お母さんは死んでも霊魂は隆ちゃんのそばにいついつまでもついているよ、とたしかに言った。霊魂を否定していた私がその目を見たとき、何の疑いもなく母の霊魂はある、その霊魂は肉体を離れ去るが永遠に滅びないのだ、と直感した。」

一九三二年に卒業したが、急性中耳炎のために希望していた内科医になるのを諦めて放射線医学を専攻した。

一九三三年、入隊して満州に行ったが一年後には長崎医大に戻った。翌年の一九三四年は永井隆の生涯でも大切な年であった。九月六日、浦上天主堂で主任司祭であった守山神父より洗礼を受け、パウロと呼ばれた。ペトロ守山松三郎神父は、津和野で信仰のために拷問を受けた守山甚三郎の長男である。甚三郎の家は永井隆が住んでいた家に近く、両家族は親しくなって、永井隆は明治元年から五年までの浦上の信徒の「旅の話」を詳しく聞き、甚三郎が遺した覚書などを読んだ。同年九月八日、森山緑と結婚した。緑は鎖国時代から明治時代まで続いた浦上キリシタンの帳方の子孫であった。永井隆は以前から森山家に下宿していたので、彼の信仰は、迫害によって試練を受けた信者たちの雰囲気の中で育まれていった。

一九三七年、再入隊し、この時には中国に行った。中国の駐屯中の一九三九年に父・寛が亡くなった。

一九四〇年、長崎に戻って医大に復職する。大学での研究と教室で教鞭をとった五年間は、幸せな家庭生活を味わっていた。この時代の憧れをもって『ロザリオの鎖』で書いている。

「私の一家の幸福な時間、それは日曜日の朝みんなそろって天主堂へミサ拝聴に参る時であった。私は大きな子の手をひき、妻は小さい子をおんぶして畑道を丘の上の赤い天主堂へゆく。鐘楼から寄せ鐘がやさしく清く鳴り渡る。あの家からもこの家からも晴れ着にかえた人々が明るい顔をして出てきて同じ道に加わる。ステンドグラス越しに射す朝日の色の波の中に座って、私の声も妻の声も、たどたどしい幼子の声も、隣に座っている老農民のだみ声も、ひとつの声となって、天にましますわれらの父を賛美し奉った。あんな幸福な日は、もう私には来ない。」

一九四五年六月、病院で受診すると白血病がかなり進行していて、長くても三年の余命という宣告を受けた。三十七歳であった。

同年八月九日、浦上上空で原子爆弾が炸裂した。永井隆は大学の研究室で負傷し放射能を浴びた。それにもかかわらず、三日間休みなく犠牲者の救護に奔走し、ついに三日目に力尽きて倒れた。

やっとの思いで自宅の焼け跡までたどり着き、そこで妻、緑の遺骨を見つけた。九月二十五日まで犠牲者たちの治療活動をしていたが、この日にまた倒れて、一週間意識不明の状態が続いた。回復後の十一月二十三日、浦上の信徒代表として合同慰霊祭で挨拶をした。

一九四六年一月二十八日、医学部教授となるが、七月に再び倒れる。その日以来、寝たきりの生活になる。如己堂から日本中に、外国にも永井の名前が知られるようになった著書『長崎の鐘』、『ロザリオの鎖』、『亡びぬものを』、『花咲く丘』、『如己堂随筆』などが、次々と出される。これらの著書は、同時に原爆犠牲者たちに信仰と希望のメッセージを送り、世界平和を祈って、戦争とりわけ原爆の非人間的な意味を強く批判している。

一九五一年、最後の著書『乙女峠』を脱稿するが、著者の死後、発刊された。生涯の最後の年か少し前に「十字架の道行」の十四枚を描いたと言われる。

同年五月一日、大学付属病院に移され、そこで息を引き取った。

永井 隆 筆

この説明文は、永井隆筆の「十字架の道行」を平戸木ヶ津教会で今村悦夫神父が書いたものである。

パウロ 永井 隆 筆「十字架の道行」御絵について

この画は医学博士パウロ永井隆氏が一九五一年すなわち博士死去の春死の床にあって仰臥のまま筆を執り一ヶ月余の時日を要して描き上げたものであって絶筆ともゆうべき貴重なものである。

つかれるとすなわちロザリオの祈りを唱えてこれを癒やしまさに精魂の限りをつくして描き上げられておりその一枚一枚に吾人は博士の

信仰心の深さを見いだすことができる。

博士の死後その遺族はこれを浦上天主堂にか丶げて永く信者の信仰の対象となることを願い浦上教会に寄進したものである。

一九六二年にいたり木ヶ津教会天主堂落成にあたり木ヶ津教会はこの御絵を新聖堂に掲げ永く博士の偉業とそのカトリック的精神を伝えんことを希い　ここに浦上天主堂より移すことにいたった。

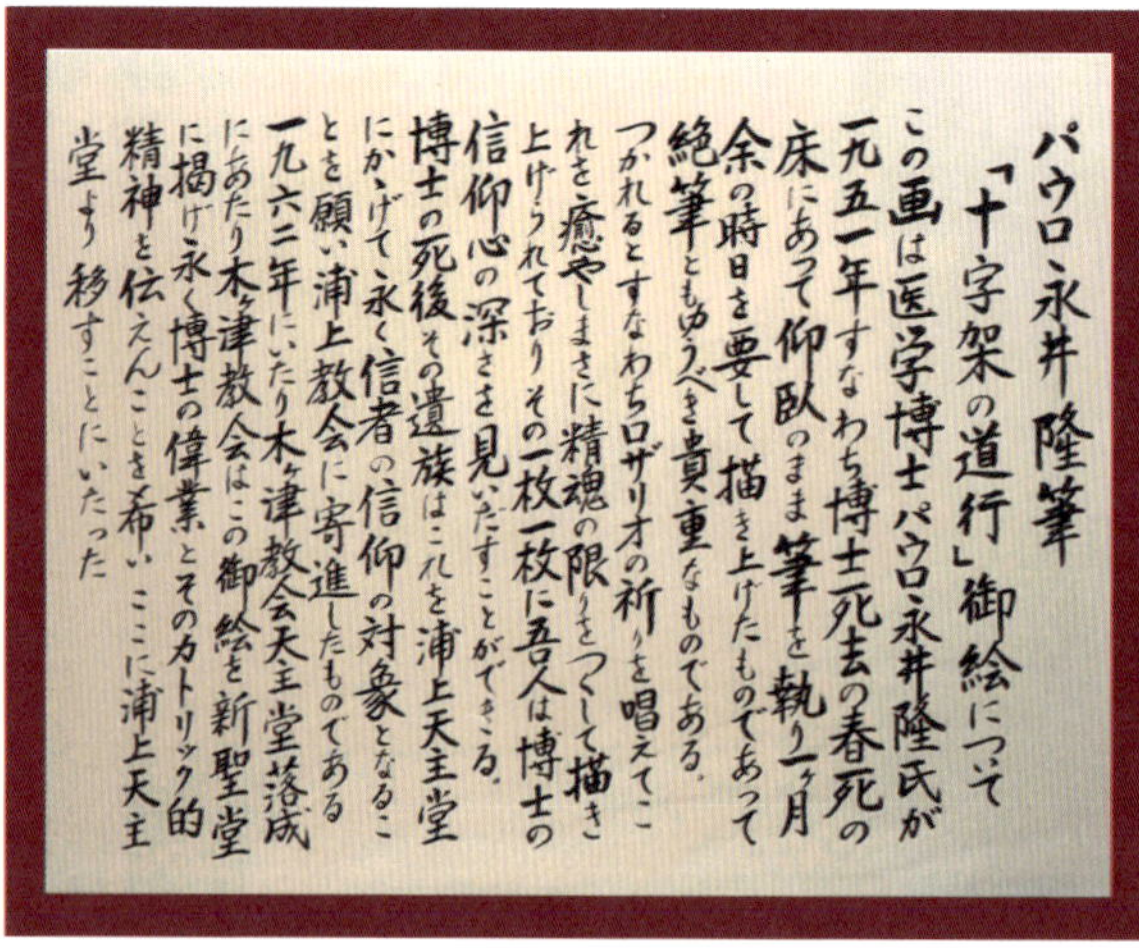
パウロ永井隆筆
「十字架の道行」御絵について
この画は医学博士パウロ永井隆氏が
一九五一年すなわち博士死去の春死の
床にあって仰臥のまま筆を執り一ヶ月
余の時日を要して描き上げたものであって
絶筆ともゆうべき貴重なものである。
つかれるとすなわちロザリオの祈りを唱えてこ
れを癒やしまさに精魂の限りをつくして描き
上げられており　その一枚一枚に吾人は博士の
信仰心の深さを見いだすことができる。
博士の死後その遺族はこれを浦上天主堂
にか丶げて永く信者の信仰の対象となるこ
とを願い浦上教会に寄進したものである
一九六二年にいたり木ヶ津教会天主堂落成
にあたり木ヶ津教会はこの御絵を新聖堂
に掲げ永く博士の偉業とそのカトリック的
精神を伝えんことを希い　ここに浦上天主
堂より移すことにいたった

4　永井 隆の十字架の道行

主イエスのご受難とご復活の黙想によって、試練と苦難に遭うとき自分の心を強めることは、最初の教会やすべての時代の殉教者に限ったことではない。

現代にも十字架の道行の祈りは、キリスト信者にとって教えと励ましになり、本書で紹介される永井隆の描いた絵は明らかにその事実を物語る。

永井隆は、浦上キリシタンの子孫の中に自分の信仰の道を見いだした人物として、いつも日本の殉教者、特に二十六聖人に対して深い信心を抱いていた。まだある程度まで余力があった頃、実弟永井元と一緒に浦上の子どもたちのために二十六聖人の殉教についての紙芝居を描いた。その紙芝居が絵本として、一九九七年、二十六聖人の殉教の四百年祭の機会に出版され、その序文に、当時の長崎大司教フランシスコ・ザビエル島本要は、次のように永井隆と二十六聖人との関連を述べている。

「永井隆は被爆者の身でありながら自らの生命と心を被爆者の治療に捧《ささ》げられた方です。

この献身的医療活動の源泉は博士の深い信仰と二十六聖殉教者に対する篤い信心でした。『殉教』は『あかし』です。」

しかし原爆病によってその身は次第にむしばまれていくと同時に永井隆の信仰が深くなり清められていった。そして殉教者たちを忘れず、心の目はますます聖アウグスチヌスが呼んだ「殉教者の王であり、かしらである」イエスを見つめていた。あの苦しい病気の経験とイエスのご受難の黙想の結果が、永井隆の十字架の道行の十四枚の絵に見られる。

各々の絵は、縦三六センチ、横二六センチの和紙に、窓型や門型の輪郭（直径三〇×二〇）のなかに場面が描かれている。

現在、この十字架の道行は平戸島の紐差教会の巡回木ヶ津教会に保存されている。この教会は、木ヶ津港を見下ろすやぶ椿と雑木に覆われた丘に、一九六二年に建てられた小さな木造の建物である。白い内壁には十四枚の絵が掛けられていて、もう一枚の絵として同じ壁面に、浦上教会から十字架の道行を寄進された紐差の主任司祭、今村悦夫神父による説明文がある。

今村神父の記録に、二、三点の説明を付け加えたい。十字架の道行の絵は、一九五一年、浦上教会の主任であった中島万利神父に寄贈された。

その年浦上では、原爆で壊滅した赤煉瓦造りの天主堂のかわりに木造の仮聖堂が使われていた。そこで永井博士の十字架の道行が掛けられた。ところが一九六二年に新しい大聖堂が完成し、その大きな建物に適した大きさの十字架の道行の絵が描かれたので、永井隆の小さな絵は司祭館に収められるようになった。その事実を知った今村神父は木ヶ津の新しい教会のためにその絵を譲り受けた。この事を、私は中島万利神父に確認した。

二十六聖人記念館館長　結城了悟

参考史料

1 "Caminiate, no hay camino, caminando se hace" Antonio Machado.
2 永井隆著『いとし子よ』サンパウロ、アルバ文庫 二〇〇一年、128頁。
3 永井隆著『ロザリオの鎖』中央出版社、昭和四十年、3・6・9・20・22・125頁。
4 永井隆、永井元著『路上の人』カトリック長崎大司教区、一九九六年。
5 「キリシタン研究 第七巻」東京、昭和三十七年、88～98頁。
6 『日本思想大系25、キリシタン書、排耶書』岩波書店、一九七〇年、402頁。
7 永井隆著『長崎の鐘』サンパウロ、アルバ文庫 一九九九年、146頁。
8 永井隆の詩の掲載は「永井隆記念館」の館長永井徳三郎氏のご厚意によるものである。

第 1 留

第一留　イエス、死刑の宣告を受けたもう

「ピラトは水を持って来させ、群衆の前で手を洗って言った。『この人の血について、わたしには責任がない。お前たちの問題だ。』民はこぞって答えた。『その血の責任は、我々と子孫にある。』そこで、ピラトはバラバを釈放し、イエスを鞭《むち》打ってから、十字架につけるために引き渡した。」

（マタイ二十七章24―26参照）

イエスが捕らえられてから死刑の宣告を受けるまでの重なるさまざまな不正な裁きにも、イエスは謙虚な返事と沈黙をもって自分を責める人々の間違いを明らかにしていく。

ゲツセマネのオリーブの園では、「まるで強盗にでも向かうように、剣や棒を持って捕らえに来たのか。」

（マタイ二十六章55）

夜中に行われた最初の裁きが不正であったし、すでに権限がなかった前大祭司アンナスの前に引き出されたのは法律以外のことであった。カイアファの前で偽証人が現れ、大祭

司へ正しい返事をしたので殴りつけられた。夜中に侮辱を受けた後、夜が明けると再びカイアファの前に引き出され、ユダヤ人に死刑を宣告する権限がなかったのでローマ人の総督ピラトにイエスは引き渡された。

ピラトは問題を避けるためイエスをヘロデ王に送り、そうしながらヘロデと仲良くした。ヘロデの尋問と侮辱に対してイエスはずっと沈黙を続けているのでヘロデはイエスをピラトに送り返した。そして最後にピラトの言動には矛盾があって最後の芝居が演じられた。イエスを十字架につけるために引き渡したが、自分はその死とは関わりないことを示すために水を持って来させて群衆の前で公に手を洗った。

イエスは沈黙を守る。その沈黙は怒りでも無力でもなく、わたしたちの救いのために自分を御父のみ旨に委ねる。その沈黙は愛で満たされた祈りである。

教会の歴史では、幾度となく殉教者たちの裁きにも同じやり方が見られる。日本のキリシタン時代では、二十六聖人の場合から浦上四番崩れの時の追放された信徒まで、そこではすでに存在していなかった法律をあげて、同じ間違った権力の誇示がある。イエスのご受難は彼らを支え、とるべき道を教えていた。

永井隆はこの絵を描いた時、イエスが受けたすべての裁きの中で最後の場面を選んだ。

後方には手を洗うピラトの姿が見え、イエスは手を縛られ静かに死刑の場に向かって行く。

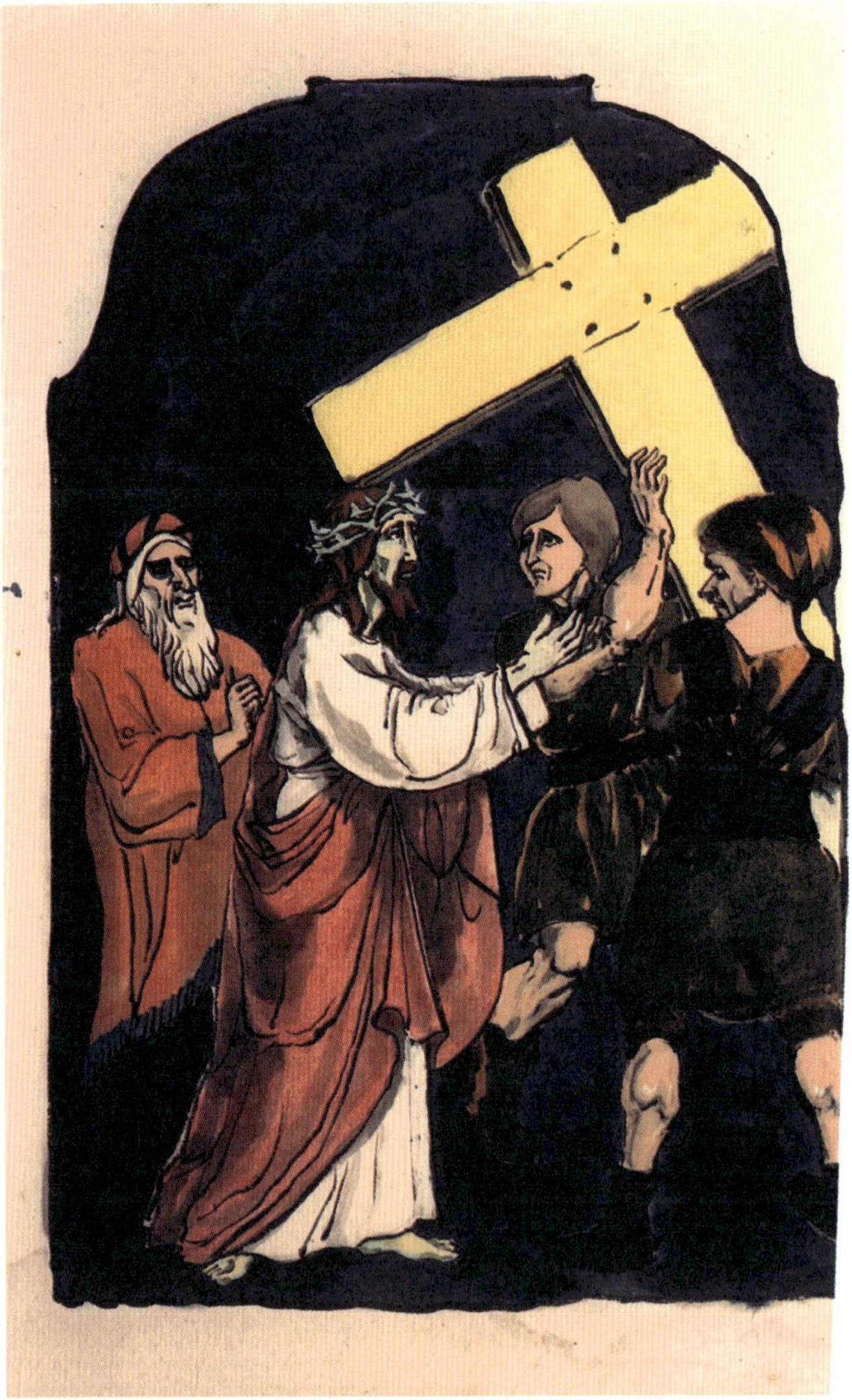

第2留

第二留　イエス、十字架を担いたもう

「わたしには受けねばならない洗礼がある。それが終わるまで、わたしはどんなに苦しむことだろう。」

（ルカ十二章50）

イエスが公の生活のとき話した言葉である。その心は御父のみ旨に従って犠牲《いけにえ》となるその時が来るのを待っていた。永井隆は、この二番目の絵にはイエスの姿を印象的に前の絵とだいぶ違った表情で描いている。死刑の宣告を受けたイエスは、その時耐えた苦しみによって衰弱していて、静かに執行人に従うが、十字架を見ると力がよみがえったようである。十字架に向かって進み両腕を伸ばしている。友人に出会ったような表情を見せている。使徒聖アンデレが自分の十字架に出会った時のことばを思い起こさせる。「ああ、すばらしい十字架よ、あなたにかかっていたわが師の、この弟子を受けなさい。」

聖書学者たちはイエスが担った十字架が全体であったか、上部の横木だけであったかを議論する。たぶん、後者の可能性であったかもしれないが、信徒側から前者の説を採る。特別にその意義を強調するために画家や彫刻家は十字架全体説を採る。永井隆もそのように描いている。

イエスは前夜ゲッセマネの園で祈る時、すでに御父からその十字架を引き受け、今、それを抱く時わたしたちに道を示している。

「わたしの後に従いたい者は、自分を捨て、自分の十字架を背負って、わたしに従いなさい。」（マルコ八章34）

十字架を担ったイエスは、その時もう一つの事を成した。その時まで十字架は恐怖であり、不名誉な拷問のシンボルであったが、イエスはそれを愛のシンボル、救いの道具に変えた。

長崎の刑場西坂に二十六聖人の列が入ると、殉教者たちは定められた自分の十字架のそばにひざまずき、十字架を抱いた。彼らが十字架上で亡くなることに大きな喜悦を表したので、それ以降、磔刑《たっけい》による殉教は滅多に行われなかった。

第3留

第三留　イエス、初めて倒れたもう

「彼が担ったのはわたしたちの病、彼が負ったのはわたしたちの痛みであった。」

（イザヤ五十三章4）

新約聖書ではイエスがピラトの官邸からゴルゴタの丘への道に十字架の重荷で倒れたことが記されていない。伝説が残ったかもしれないが、二つの事実がそれを推測させる。福音史家は、その夜ゲツセマネで祈っていた時に地面に倒れているイエスの姿を示している。

「悲しみもだえ始められた。……うつ伏せになり、」

（マタイ二十六章36—40）

「地面にひれ伏し、……」

（マルコ十四章35）

もう一つのヒントが、イエスの十字架を一人の男に担がせたことである。

イエスが倒れたという三つの場面を描く時、永井はその倒れ方で次第にイエスの力が失われていることを見事に表現している。おそらく自分の経験と重ねていたのであろう。

六年間の白血病との闘病中に永井自身は倒れることも力が徐々に失せていくという経過を知っていた。まず第一に、一九四五年に病気の最初の兆候、すなわち余命が三年という説明を受けた時の精神的ショックは大きかった。その時三十七歳であった。数カ月後の八月九日、原子爆弾によって倒れ負傷した。それにもかかわらず自分と同じように負傷した人々を医者として力を尽くして世話して、ついに倒れて一週間の危篤状態におちいった。ある程度まで体力が戻ると、教授として大学に復帰したが、一九四六年に再び倒れ、それから寝たきりの生活が始まった。続く五年間にはイエスと心を合わせて、倒れているイエスの力によって自分の弱さをささげていた。

第4留

第四留　イエス、母に会いたもう

「イエスの十字架のそばには、その母が立っていた。」

（ヨハネ十九章25参照）

ヨハネの福音書に記されている事実は、イエスが息を引き取る時、その十字架のそばには、その母と母の姉妹クロパの妻マリアとマグダラのマリアがいただけである。ゴルゴタに行くために、母マリアは、たいていイエスと同じ道を通っていたであろう。総督官邸の前の喧騒を後にして、マリアは婦人たちと一緒にイエスが通るべきエルサレムの道筋のどこかに待っていて、その後、群衆に混じって死刑場まで行ったに違いない。その歴史からキリスト信者は、途中道筋でマリアとイエスの出会いがあったと考えた。おそらく近づくこともできず目だけの挨拶であったろうし、または近づくことができたかもしれない。福音が述べない細かい場面を誰でも想像できる。

永井隆の筆は、自分が考えた場面を非常に丁寧に紹介している。

マリアは進んでイエスに近づき片方の膝をついてかがみ、イエスの手を取るようなしぐさを、イエスは十字架から右手を離して母の手を握っている。イエスが立ち止まらないように、執行人は情け容赦なくその背中を打っている。少し後方で使徒ヨハネはマリアを見守っている。イエスを見つめるマリアの表情は印象的である。永井隆は、愛と憐れみに満ちた黙想でその場面を考えていた。

キリシタン時代の一五九一年にまとめられたある写本にはイエスのご受難に使われた道具について、一人の日本人が制作した「舞い」が保存されている。その舞いの冒頭に、その時の聖母マリアの言葉を想像して次のように書いている。

「いかに我が子にてましますおん主、自らこのおん事を聞くより心驚き乱れて、あるもあられねば人目を更に憚《はばか》らず、万民の中を分け凌《しの》ぎて、これまでこれまで参りたるをご覧《ろう》じたもうか？　さてもさても世にか程まで例なきおん苦しみを受け累《かさ》ね給ふ、その上なほ又クルスに掛けられ、さも浅間敷《あさまし》きおん有様になり給ひたるを見奉れば、目も昏《く》れ、心も消えて行くも我このおんクルスを離るることとあるまじきなり。」

この舞いの制作とパウロ永井隆の「十字架の道行」との間に四百年以上が流れているが、そこに息づく心は同じである。迫害のもとにその信仰と愛を伝えてきた浦上の信徒の声が永井隆の絵にも聞こえている。

十字架の道行でイエスとその母マリアとの出会いがここでは終わらない。二時間後、もう一度ゴルゴタの丘で一緒になり、その時のご受難におけるマリアの務めが明らかにされている。

第5留

第五留　イエス、キレネのシモンの助けを受けたもう

「兵士たちは出て行くと、シモンという名前のキレネ人に出会ったので、イエスの十字架を無理に担がせた。」

（マタイ二十七章32）

福音史家が使う言葉はシモンが自分の意思で担いだのではなかったことを示しているが、イエスと一緒に十字架を担ぐことで二人の間に強い絆を作った。マルコの福音によるとシモンの二人の息子が信者の共同体に知られたものである。

「そこでアレクサンドロとルフォスとの父でシモンというキレネ人が、……、」

（マルコ十五章21）

キレネと言えばリビア国の土地で、地中海の陽光を浴びる大きな半島であるが、ラテン語系の言葉では、キレネ人（シリネオ）が、その時以来援助者という意味をも持つことになった。

善きサマリア人の譬《たと》えの結論としてイエスは、「あなたは行って同じようにしなさい」と結んだ。別の機会にイエスは困っている人々に手助けするための理由として、「この小さい者の一人にしなかったのは、わたしにしてくれなかったことなのである。」（マタイ二十五章45）と説明している。

永井隆の伝記を書いた片岡弥吉は、親しい友人であった永井が洗礼を受けて間もなく、聖ビンセンシオ・ア・パウロ会に入会し、熱心にその活動をしていた、と記している。永井隆はこの十字架の道行にはシモンを頑丈な人のように描き、彼の助けによってイエスは、もう一度しっかりと歩き始める。

キリシタン時代の長崎ではミゼリコルディアの組によって、貧しい者、悩める者に対して、キレネのシモンのイエスに対する慈悲の行いが、頻繁になされてこの町の教会の特色となった。ミゼリコルディアの組の最後の組長ミゲル薬屋は、一六三三年、西坂で火あぶりの殉教を遂げた。その時彼の背中につけられた幟《のぼり》には、死刑の理由として「潜伏宣教師、貧しい人々、特に殉教者の夫人と孤児に援助を与えていたから」と書かれていた。

その精神は、浦上四番崩れ後、牢屋から戻ってきた信徒たちに残されていた。その信徒の子孫から、永井隆はその活動を学んだ。

第6留

第六留　イエス、み顔を布に写されたもう

「わたしの兄弟であるこの最も小さい者の一人にしたのは、わたしにしてくれたことなのである。」

（マタイ二十五章40）

この場面も福音書に書かれていないが、その話の裏には特別な歴史がある。時の流れとともにその歴史は変わっていくが、根本的に同じ大切な教えを伝えている。

現在の日本の教会の祈祷書には、このページに見られる題のように描かれている。私がスペインで使っていた祈祷書には次のようにあった。「ベロニカはイエスのみ顔をぬぐいたもう。」ベロニカと言えば、今でも女性の名前として使われている。

江戸時代に長崎郊外の外海《そとめ》地方でまとめられた潜伏キリシタンの聖書物語「天地始之《はじまりの》事《こと》」では、スペイン・ポルトガルの伝説に基づいて伝えられているが、特色も見られる。

「しかる所に道にてべろうにかといふ水くみにゆきあい、此ものおん身にあわれをくわへ、御いたわしやと、御血の汗をぬぐいて、水をさし上、御身いただき、悦《よろこん》で飲みたもふ。いかなるものか忝《かたじけなし》。一度はたすけゐさすべし。さて其手のぐいに、御すがたうつりければ、水くみも勿体なくとて、さんたーえきれんじやの寺にぞおさめける。」

百年以上前のまだ自由があった時に、宣教師たちから聞いた話が深くキリシタンたちの心に刻まれていたに違いない。潜伏キリシタンは水をさし上げた箇所を加えている。

この話は、たいてい次のようにして出来上がったと思われる。十世紀にローマでは、布に描かれたイエスの顔の絵が信徒たちの深い信心を集めていた。それは、九四四年、エデサ市からコンスタンティノープル（現在のイスタンブール）に移されたイエスの顔の絵がその元になり、他の国にも絵の写しが送られた。ローマの絵は次第に色あせてしまったが、現在でもその布がバチカンに保存されている。一つの伝説によって、その絵はそれを描かせたベレニセという婦人とつながるが、十二世紀のもう一つの解釈によると、ベロニカという名前は、「ベラ・イコン」すなわち真の姿という意味である。十四世紀から布に描かれた絵がゴルゴタへの道では、イエスの顔をぬぐった女性の伝説と結びつき、その女性がベロニカという名で呼ばれ、また描かれた絵もベロニカと言われるようになった。十六世紀の日本では、スペインやポルトガルからイエスの顔が刻まれたメダイが導入され、昨今、発掘現場でそのようなメダイが見つかった。

どのような伝説であってもイエスのご受難について黙想し、または十字架の道行の祈りをする時、次第に十字架を担うイエスの姿を自分の心に刻み、隣人愛への行いを倣う。

二〇〇二年、キリストの顔についての神学者の学会での挨拶で、ヨハネ・パウロ二世は次のように述べている。

「教会は苦しみを耐えたのち復活したキリストのみ顔において、キリストがあがないと救いを与える人間の最も純粋な最も本格的なみ顔を見いだす。」

永井隆が描いた絵には、ベロニカはイエスの前に膝をかがめ、布を掲げている。その突然の出来事にイエスを囲む執行人やファリサイ人が驚いて足を止め、イエスは右手で布を受け、そのやつれた顔に笑みが浮かぶ。

第7留

第七留　イエス、二度倒れたもう

「彼が刺し貫かれたのは、わたしたちの背きのためであり、彼が打ち砕かれたのは、わたしたちの罪のためである。」

（イザヤ五十三章5参照）

優しさあふれるベロニカの場面に続いて、もう一度苦しみと暴力の情景が見られる。イエスは再び倒れる。ここでは憐れみの行為ではなく、執行人の怒りとその後方に立つファリサイ人の悪意に満ちた薄笑いがある。キレネのシモンは、あきらめ顔をして十字架を持ち上げようとしている。この時イエスの体は完全に路上の岩に当たっている。しかし、その無力な姿には人々の心を支える力がある。

倒れている主を見る時、私は二十六聖人の長い長崎への道を考え、彼らの記念碑を眺めながら一詩人が詠んだ句を思い出す。

「たびの足、はだしの足、垂れて冷ゆる」

あるいはすでに年老いて歩行かなわず、宣教の道中を竹製の駕篭《かご》で運ばれて行く中浦ジュリアン神父の決意を感じる。または殉教の地に向かう少年ディエゴ林田の、有馬川を渡る時、親切に背負って渡そうと言う侍に対して断る言葉は、今でもその自然の中に響く。

「イエスさまは歩いてゴルゴタに上りました。」

倒れるイエスの無力は人々の力となる。余命幾ばくもないことを知っている永井隆は、如己堂で絵を描き続けている。倒れるイエスの絵である。時には手には筆を動かす力さえなくなる。そのような時に永井隆は筆をおき、頭を枕に休ませ、ロザリオを握ってその祈りを唱える。力が戻ると再び描き続ける。

第8留

第八留　イエス、エルサレムの婦人たちを慰めたもう

「民衆と嘆き悲しむ婦人たちが大きな群れを成して、イエスに従った。イエスは婦人たちの方を振り向いて言われた。『エルサレムの娘たち、わたしのために泣くな。むしろ、自分と自分の子供たちのために泣け。』」

（ルカ二十三章27、28）

イエスがピラトの官邸からカルワリオまで歩いて行く間、女性たちが三度イエスを慰めようと近づいた。三度目の話だけが福音書に記されていて、それはキリストの柔和な心の福音者と呼ばれているルカである。民衆の女性たちはイエスの惨めな姿を見て深い憐れみを示し、イエスからはエルサレムとその住民を襲う悲劇について慰め励まされた。当時、たいてい人が亡くなると、女性たちは大声で泣いて悲しみを表す習慣があったが、死刑の時にはそのようなしぐさを表すことがなかった。しかし、この場合には女性たちの心の底からの嘆き悲しみが、執行人の足を止め、あの短い対話があった。

おそらく婦人たちは子どもたちを連れず、あの群衆に混じって死刑を見るためにいたであろうが、永井隆は、イエスの言葉を強調するために子どもたちの無邪気な姿をも絵に描き入れた。子どもに対するイエスのいつも優しい心と、子どもに危害を加える人々に対する厳しさがここに折り込まれている。

『ロザリオの鎖』という著書には、永井隆は、なぜ自分の小さな娘が泣かない子どもであるかと説明する時、戦争とそれを引き起こす人々に対して柔和な言葉で厳しい判断を下す。

「笑いを失った者は不幸だと言われている。泣くことの出来ぬ子はさらに不幸である。なぜならば、慰めてくれる母をもたぬからである。」

自分の家族の場合には、子の母を奪ったのは、戦争、原子爆弾であった。

第9留

第九留　イエス、三度倒れたもう

「彼の受けた懲らしめによって、わたしたちに平和が与えられ、彼の受けた傷によって、わたしたちはいやされた。」
（イザヤ五十三章5）

ここで挙げる言葉やイザヤ預言者の他の言葉も、この絵を説明するためには最もふさわしく、永井隆の生涯の一つの重大な局面を理解するために手助けとなると思われる。その局面というのは、一九四五年十一月二十三日、浦上信徒の代表者として浦上教会の合同慰霊祭で話した時である。後日、『長崎の鐘』にその話を挿入して出版した。

イエスは、十字架を背負ってゴルゴタに向かった。坂を上る時、もう一度倒れた。自分自身を犠牲《いけにえ》としてささげる所が数メートル先にあるが、イエスは力尽きて、しばらく地面で動きを止める。執行人は殴ることなく、ただイエスの体を起こそうとした。後ろに立つ者が十字架をつける死刑の理由を書いた羊皮紙を手にしている。
「ユダヤ人の王、ナザレのイエス」
この場面を眺めながらイザヤの他の言葉に耳を傾けよう。

「わたしたちは羊の群れ
道を誤り、それぞれの方角に向かって行った。
そのわたしたちの罪をすべて
主は彼に負わせられた。
苦役を課せられて、かがみ込み
彼は口を開かなかった。
屠り場に引かれる小羊のように
毛を切る者の前に物を言わない羊のように
彼は口を開かなかった。」

（イザヤ五十三章6）

使徒パウロは、この心に倣って自分も信徒たちの歩むべき道を教える。

「さて、あなたたちのために苦しむこと、それが今のわたしの喜びです。わたしはキリストの体である教会のために、キリストの苦しみの中で自分があずかるはずの分を身をもって満たしています。」

（コロサイ一章24参照）

パウロ永井隆の心からの言葉が、その線上にあった。

「浦上教会こそ、神の祭壇に献げらるべき唯一の潔《いさぎよ》き羔《こひつじ》ではなかったでしょうか。この羔の犠牲によって、今後さらに戦禍を被るはずであった幾千万の人々が救われたのであります。」

（『長崎の鐘』）

あの日から身をもってその道を通って行く。

第 10 留

第十留　イエス、衣をはぎ取られたもう

「イエスをゴルゴタという所（その意味は「されこうべの場所」）に連れて行った。没薬《もつやく》を混ぜたぶどう酒を飲ませようとしたが、イエスはお受けにならなかった。」

（マルコ十五章22、23）

「兵士たちは、イエスを十字架につけてから、その服を取り、四つに分け、各自に一つずつ渡るようにした。下着も取ってみたが、それには縫い目がなく、上から下まで一枚織りであった。そこで、『これは裂かないで、だれのものになるか、くじ引きで決めよう』と話し合った。」

（ヨハネ十九章23、24）

永井隆の絵には二つの出来事、衣をはぎ取られることと没薬を混ぜた酸っぱいぶどう酒を飲ませることが同一画面に描かれている。その飲み物は、十字架につけられる人がそれ

ほど苦しみを感じないように感覚を鈍くする目的であった。しかしイエスは飲まなかった。イエスは執行人たちの手に渡され、その時彼を世話する人、慰める人が誰もそばにはいなかった。執行人は仕事を早く終わらせようと急いで乱暴に服をはぎ取った。イエスは黙ってすべてを耐え忍ぶ。

この絵から背景の藍色の線がだんだん乱れている。描いている人の疲労の表れである。服をはぎ取られるという場面は、日本のキリシタン時代の信者にとって印象的であって、ご受難についての「舞い」では、その時の聖母マリアの悲しみが次のように伝えられている。

「おん衣装

これこそ我が思ひ子に召され奉らんとて手づから織り縫ひ立てたるおん衣装なれ、見慣れざるおん色かな！　いかにおん子これこそおん血の色なれ。打擲《ちようちやく》の杖にておん皮肉を打ち裂き奉りたる上に召され締め給ふこのおん衣装を剥ぎ取り奉りたる時おん皮肉おん身を離れて、これに付き奉りたる事の悲しさよ。今日おん膚の見え給ふ上に御大切の御内證まで現はれ給ふおん扶け手のこの御衣なれば貴み拝し奉るなり。」

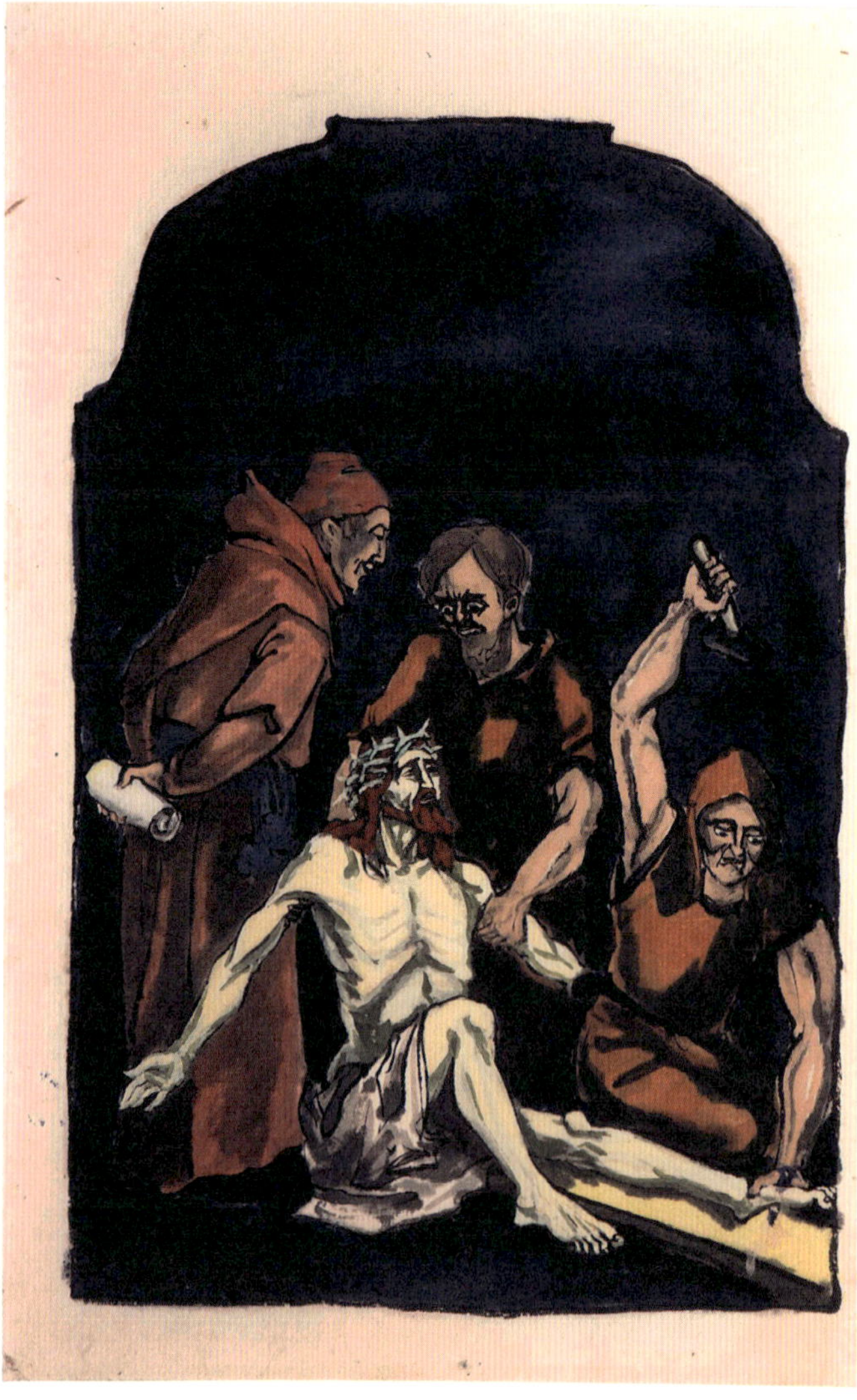

第11留

第十一留　イエス、十字架に釘づけにされたもう

「そこで、彼らはイエスを十字架につけた。また、イエスと一緒にほかの二人をも、イエスを真ん中にして両側に、十字架につけた。」（ヨハネ十九章18）

私たちもイエスのご受難の最高のところに来ている。絵を描く紙面は限られているので、永井隆は、イエスのそばに十字架につけられていた二人の犯罪人を省いて、イエスだけに注目する。現場の動きが激しくなる。イエス以外に三人の敵だけが描かれていて、釘を打つ二人の執行人と十字架につける宣告の羊皮紙を手にする老人、この三人目の顔には残酷な嘲笑が浮かんでいる。

そばには友人もなくイエスの寂しさは完全に頂点に達し、十字架が上げられるとその寂しさは言葉となり、呼びかけとなった。

「父よ、彼らをお赦しください。自分が何をしているのか知らないのです。」（ルカ二十三章34）

イエスが父に祈った赦しは自分の死と関わったすべての人のためである。自分の苦しみをあざ笑う人のため、そばで十字架にかけられている犯罪人のため、私たちのため。その言葉の力によって一人が声をあげる。犯罪人の一人である。

「イエスよ、あなたの御国《みくに》においでになるときには、わたしを思い出してください。」イエスの返事を待つのは必要はなかった。

「はっきり言っておくが、あなたは今日わたしと一緒に楽園にいる。」

（ルカ二十三章42、43）

赦しとは、純粋なキリスト信者のしるしであり、殉教の歴史では日本でもよく耳にする言葉である。イエスの国イスラエルと同じように、日本でも仇討ちが文化に深く根を下ろしていた。しかし、両国では、ゴルゴタでも西坂でも、当時知られていなかった、花から放たれる美しい香りのように、赦しという言葉が十字架上から全世界の広がり、平和の道を教える。赦しがない時には悪への道が広がり、人の誤った行動を正す目的となる罰が復讐となり、憎悪の種をまく。イエスは福音を述べる時、しばしばこの問題について自分の考えを語っている。

「わたしは、世を裁くためではなく、世を救うために来たからである。」（ヨハネ十二章47）

「人の子は、失われたものを捜して救うために来たのである。」（ルカ十九章10）

「悔い改める一人の罪人については、悔い改める必要のない九十九人の正しい人についてよりも大きな喜びが天にある。」（ルカ十五章7）

この一連の言葉がエゼキエルの預言に見事にまとめられている。

「わたしは生きている、と主なる神は言われる。わたしは悪人が死ぬのを喜ばない。むしろ、悪人がその道から立ち帰って生きることを喜ぶ。」（エゼキエル三十三章11）

第12留

第十二留　イエス、十字架の上に死したもう

「イエスは大声で叫ばれた。『父よ、わたしの霊を御手《みて》にゆだねます。』こう言って息を引き取られた。」
（ルカ二十三章46）

十字架上のイエスの最後の三時間がゆっくり流れる。イエスは苦しみ、祈り、そしてほとんど沈黙したままで、時には短い言葉を発する。言葉は短すぎて、すぐにその意味を把握できない。非常に深い意味を持つので、各言葉は無限的視界を広げる。

その三時間の言葉を考えるため永井隆は、「イエスが頭を垂れて息を引き取った」という一瞬を選んでいる。イエスの頭は十字架のそばに立つ母マリアの方に垂れている。マリアは神の定めに従って大祭司イエスの母として教皇レオ十三世が書いたように、「自分の心の祭壇に御子の犠牲《いけにえ》をささげていた。」

今、イエスの十字架を囲む者は皆、友である。マグダラのマリアは悲しみのあまりに十

字架の下に泣き崩れている。使徒ヨハネは祈りであり深い悲しみを表す目を主に上げている。心眼が開かれたローマ人の百人隊長は少し後方に立って、美しい証言をした。
「本当に、この人は正しい人だった。」（ルカ二十三章47）
「本当に、この人は神の子だった。」（マタイ二十七章54）

この場面で時の流れが止まっているようである。永井隆は、そらの藍色を黒に近い色にして、象牙色のイエスの姿を強調している。その姿を眺めながら、私たちはイエスの臨終の言葉を味わうことができる。

イエスが苦しんでいる時、沈黙したままの御父への呼びかけ、「わが神、わが神、なぜわたしをお見捨てになったのですか」（マルコ十五章34）は、私たちにとって神の教えである。穴づりの責めに苦しんでいた殉教者の場合、または原子爆弾のような悲劇の前に「どうして神が話さないのか」、すなわち、どうして、それを止められないのか、という問いに対して現代の一人の著者が次のように答えている。
「神は、御子が十字架上で亡くなるままにした時、すでに話したもうた」、と。

ある一瞬だけゴルゴタを包む闇がやわらいだようである。死んでいくイエスの人間愛があふれる心からの言葉。

「イエスは、母とそのそばにいる愛する弟子とを見て、母に、『婦人よ、御覧なさい。あなたの子です』と言われた。それから弟子に言われた。『見なさい。あなたの母です。』」（ヨハネ十九章26、27）

空は暗くなり、イエスに手を下した人々が恐れをなして離れて行く時、イエスは一言叫ぶ、「のどが渇く」。苦しみの表現でもあり、将来、自分に従う人たちに向かっての召命と呼びかけでもある。差し出されたぶどう酒を受けた後、生涯の報告を述べる。「すべて成し遂げられた。」

ヨハネはこの言葉でイエスの生涯を終わっている。しかしルカはイエスの臨終の言葉を次のように述べている。「イエスは大声で叫ばれた。『父よ、わたしの霊を御手にゆだねます。』こう言って息を引き取られた。」この言葉は聖パウロがヘブライ人への手紙で述べるイエスの最初の言葉と結ばれている。

「キリストは世に来られたときに、次のように言われたのです。……そこで、わたしは言いました。『御覧ください。わたしは来ました。聖書の巻物にわたしについて書いてあるとおり、神よ、御心を行うために。』」（ヘブライ十章5、7）

イエスと御父との対話は決して絶えることはなかった。

第13留

第十三留　イエス、十字架より降ろされたもう

「イエスの弟子でありながら、ユダヤ人たちを恐れて、そのことを隠していたアリマタヤ出身のヨセフが、イエスの遺体を取り降ろしたいと、ピラトに願い出た。ピラトが許したので、ヨセフは行って遺体を取り降ろした。」

（ヨハネ十九章38）

「ピエタ」、十字架から降ろされたイエスの遺体がその母の腕に渡された場面は、現在どこでもピエタという言葉で知られている。慈悲、憐れみを意味するイタリア語である。ミケランジェロの最高傑作によって広く使われるようになった。

聖母マリアは自分の腕にある傷だらけの息子の遺体、鞭《むち》の跡、茨《いばら》の傷跡、釘の傷跡、槍の深い刺し傷を目にして、おそらく「かわいそうに……」と言ったに違いない。わが子に対する母のピエタ。同時にそばに立っていた人が母の悲しみを見て、同じように「かわいそうに」と思っただろう。聖母マリアに対する信徒のピエタ。その場面を眺め、またそれ

について黙想する人々は二千年の間、同じ心を抱きつづけてきた。ゴルゴタでは夕暮れが深い影を落とす頃、イエスの数人の友が集まってきた。イエスが殺されたので彼に従う小さな群れは散り散りになるだろうと思われた矢先、それまで隠れていたニコデモ、アリマタヤのヨセフが活動し始める。

永井隆は、この絵の中心に、イエスの遺体を深い悲しみをもって見つめる聖母を描き、その後方に使徒ヨハネ、マグダラのマリアと、遺体に塗る没薬と沈香の器を手にして立つニコデモを描いている。この絵の背景の外線はかなり乱れていて、絵の具がところどころはみ出ている。人物の衣にも同じ事実が見られる。しかし一人一人の顔には悲しみの表現が緻密に描かれている。

ピエタについて、絵であれ彫刻であれ、世界には数多くの作品が存在するが、永井隆の絵には深い人間性があふれている。彼も似た経験を味わっている。

「三日目。学生の死傷者の処置も一応ついたので、夕方、私は家へ帰った。ただ一面の焼灰だった。私はすぐに見つけた。台所のあとに黒い塊を。――それは焼け尽くした中に残った骨盤と腰椎であった。そばに十字架のついたロザリオの鎖が残っていた。

焼けバケツに妻を拾って入れた。まだぬくかった。私はそれを胸に抱いて墓へ行った。あたりの人はみな死に絶えて、夕陽の照らす灰の上に同じような黒い骨が点々とみえていた。私の骨を近いうちに妻が抱いてゆく予定であったのに――運命はわからぬものだ。私の腕の中で妻がかさかさと燐酸石灰の音を立てていた。私はそれを『ごめんね、ごめんね』と言ってるのだと聞いた。」（『ロザリオの鎖』）

日本では徳川時代の迫害の時、イタリア製のピエタのブロンズのプラケットが絵踏みに使われ、萩原祐佐の踏み絵の基となった。永井隆が描いたピエタの絵を見る時、鎖国時代にその聖なる悲しみのしるしを踏まされた潜伏キリシタンの苦しみと切なさが浮かんでくる。

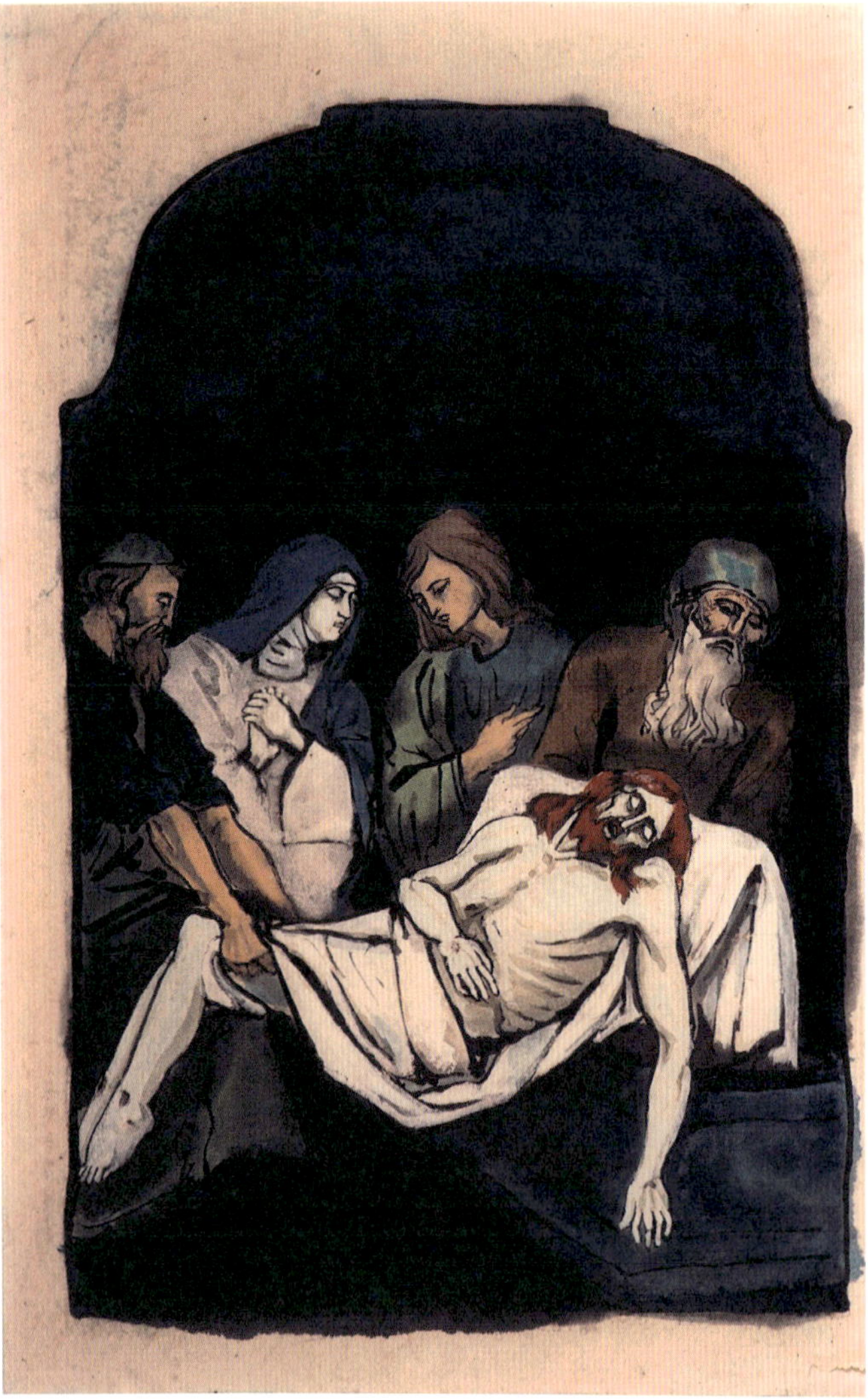

第14留

第十四留　イエス、墓に葬られたもう

「ヨセフはイエスの遺体を受け取ると、きれいな亜麻布に包み、岩に掘った自分の新しい墓の中に納め、墓の入り口には大きな石を転がしておいて立ち去った。」

（マタイ二十七章59、60）

この絵を描くにあたって、永井隆はイエスの遺体を墓に入れる時の場面を選んだ。登場人物は同じである。聖母マリアと使徒ヨハネ、イエスの十字架からの頼みに応じてヨハネはマリアを見守っている。イエスの遺体を抱えているのはニコデモとアリマタヤのヨセフで、墓の中の石台の上で準備を終えるであろう。ここでも光彩がイエスの遺体を包んでいる。

岩をくりぬいた墓は死のシンボルであろうが、三日目の夜明けまでイエスの遺体がそこに横たわっていたので、復活と命の明白な証しになった。ここでは永井隆の著書から抜粋した短い文章を引用したい。

「屋敷の東北の隅の灰の中をていねいに探していたら、ついに見いだした。わが家の祭壇の十字架を。木の台はもちろん焼けてなくなっていたが、青銅のキリストだけはそのまま型も狂わず傷もつかず残っていた。これは徳川禁教時代からひそかに伝えられた由緒あるものである。私はいっさいの財産を失ったが、この十字架ひとつだけは失わなかった。」

（『ロザリオの鎖』）

同書ではこの文章に続き、仕上げのようにもう一つの逸話がある。永井隆はいとこから貰った百円を収容所から戻った聖母の騎士のポーランド人修道士に寄付した。一カ月後、その修道士から一冊の聖書と聖母マリアのご像が送られてきたので、次のように話を結んでいる。

「私に聖書を一冊と聖母像を一体くださった。十字架は柱にかかっているし、もうほかに何もいらない。感謝の祈りをささげていると、宇宙の富を全部手に入れたような気になる。」

（『ロザリオの鎖』）

その心をもって復活に向かうために道が開かれていた。

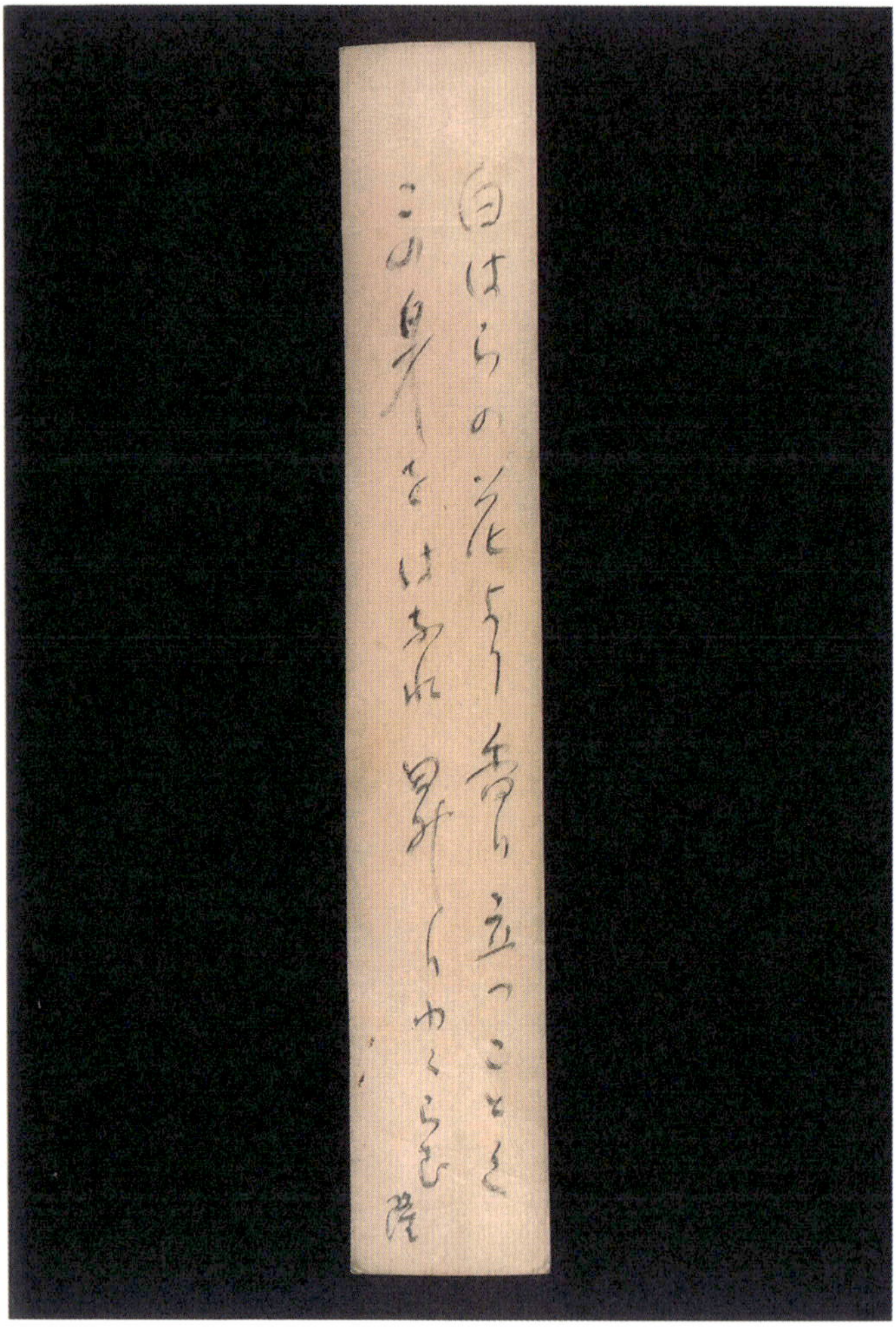

第15留

第十五留　イエス、三日目に復活したもう

「神はこのイエスを三日目に復活させ、……前もって神に選ばれた証人、つまり、……イエスが死者の中から復活した後、御一緒に食事をしたわたしたちに対してです。」

（使徒言行録十章40、41）

現在、十字架の道行の十四留にもう一つ「復活」が加えられた。永井隆は十四枚だけ絵を描いたが、自分の死を考えて詩を書き残した。その詩には復活の信仰がきれいに表現されている。

「白ばらの花より香り立つごとく
この身をはなれ昇りゆくらむ」　隆

イエスのご受難の出来事を見た人は多く、詳しくそれを書き記した。復活の出来事を誰も見なかったが、空の墓や、その後イエスに出会った人々が、それについて証明した。歴史的事実であるが、これは信仰によって受け入れられる。

イエスの復活が、私たちにも死後の新しい命があることを保証する。使徒パウロのコリント人への第一の手紙十五章全体は、歓声のようである。

「死は勝利にのみこまれた。
死よ、お前の勝利はどこにあるのか。
………
わたしたちの主イエス・キリストによって
わたしたちに勝利を賜る神に、
感謝しよう。」

（一コリント十五章55―57）

西坂の丘では十字架上から二十六聖人の最期の歌も喜びに震え立ち上がる。

「すべての国民よ、神をほめたたえよ。」

「パライソ、パライソ（天国）。」

死を前にして永井隆が詠んだ詩も彼の深い信仰と希望を伝える。信仰に導かれて永井は聖パウロが話した事実を体験してきた。

「わたしたちは落胆しません。たとえわたしたちの『外なる人』は衰えていくとしても、わたしたちの『内なる人』は、日々新たにされていきます。」（二コリント四章16）

人間としても医師としても永井隆は自分の身体が毎日衰弱していくのが分かっていたが、その精神はますます永遠の住みかへの憧れによって強められ、清められていく。聖パウロの力強い言葉でなくとも、また二十六聖人の喜びあふれる賛美歌でなくとも、病人である詩人の優しい詩は同じ信仰と希望を伝えている。その詩は、イエスと心を合わせて十字架の道行を歩いた人の表現である。イエスの復活の喜びが、そこに生きている。

如己堂
「己の如く人を愛す」

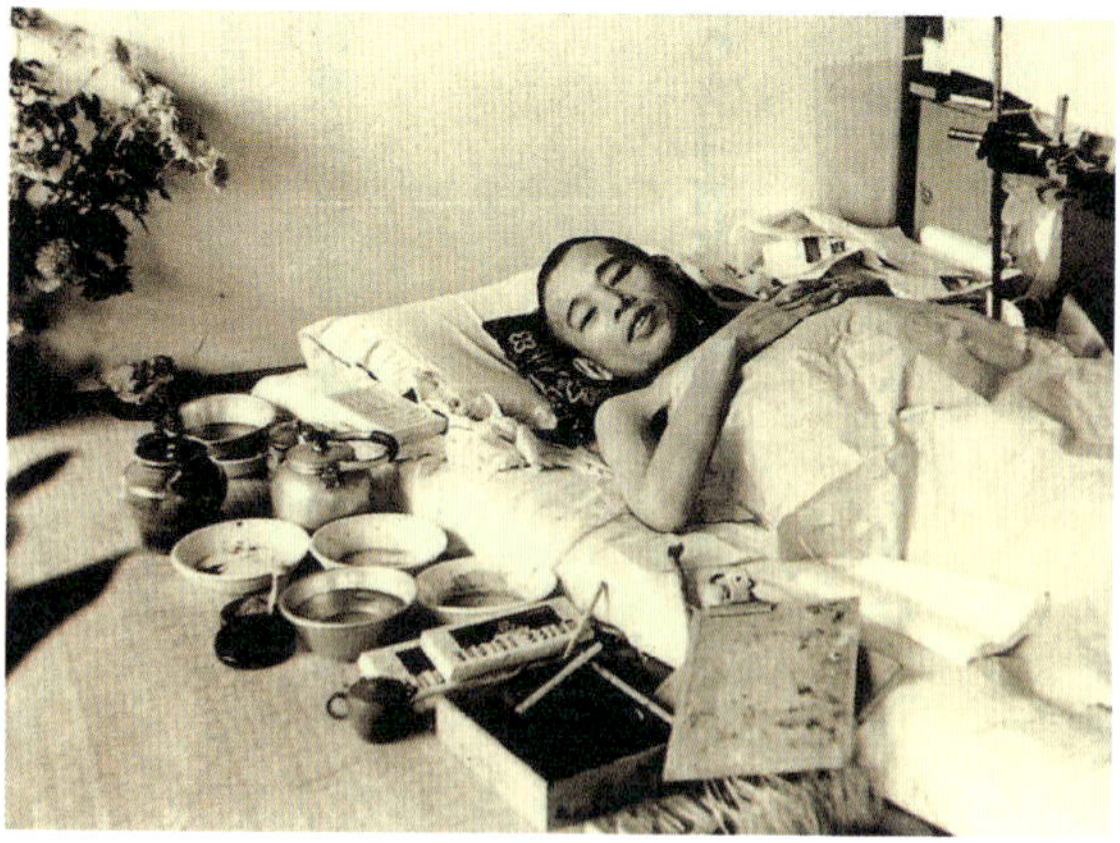

永井隆のアトリエ

キリストは、……へりくだって、死に至るまで、
それも十字架の死に至るまで従順でした。このため、
神はキリストを高く上げ、あらゆる名にまさる名を
お与えになりました。

フィリピの信徒への手紙　二章8―10節

永井　隆（ながい　たかし）

1908年　島根県松江市に生まれる。
1932年　長崎医科大学（現・長崎大学医学部）を卒業。
1930年　長崎医科大学で放射線物理療法の研究に取り組む。
1933年　短期軍医として満州事変に従軍。
1934年　出征より帰還し、大学の研究室助手に復帰。森山緑と結婚。
1937年　長崎医科大学の講師に就任、支那事変（日中戦争）勃発後、まもなく従軍医として中国へ出征。
1940年　日本に帰国。長崎医科大学助教授・物理的療法科部長に就任。
1944年　『尿石の微細構造』で医学博士号を授与される。
1945年　被曝による白血病と診断され、余命3年の宣告を受ける。
1945年　長崎医大の診察室にて原子爆弾による被爆。台所跡から骨片だけの状態となった緑の遺骸を発見し、その骨片を拾い埋葬する。
1946年　長崎医科大学教授に就任。
1948年　療養を行うための庵「如己堂」完成、大学を休職。来日中のヘレン・ケラーが見舞いに訪れる。
1949年　昭和天皇に謁見、長崎医科大学教授を退官。
1951年　帰天。

著　書

『長崎の鐘』、『原子野録音』（1947年〜1951年「聖母の騎士」誌上にて連載）、『亡びぬものを』、『ロザリオの鎖』、『この子を残して』、『生命の河』、『花咲く丘』、『いとし子よ』、『乙女峠』、『如己堂随筆』、『村医』、『平和塔』、『長崎の花 上・中・下』（1950年 日刊東京タイムス誌上にて連載）。

編　著

『原子雲の下に生きて』、『私達は長崎にいた、原爆生存者の叫び』。

結城　了悟（ゆうき　りょうご）
1922年　スペインのセビリアで生まれる。
1939年　イエズス会入会。
1948年　スペイン、マドリッド、イエズス会哲学科哲学修士。
1948年　来日。
1954年　司祭叙階。
1955年　コロンビア、ボゴタ、ハベリアナ大学神学部修士、神学修士。
1956年　福山カトリック教会助任司祭。
1957年　広島イエズス会修練院教師。
1962年　日本二十六聖人記念館館長。
1978年　帰化する。長崎市文化財審議会委員に任命。
2004年　日本二十六聖人記念館館長退任。
2008年　帰天。

著　書
『長崎の天主堂』（西日本文化協会）、『九州の古城とキリシタン』『キリシタンのサンタマリア』『ローマを見た（天正少年使節）』『雲仙の殉教者』『殉教者 ベント・フェルナンデス』『永井隆の十字架の道行』『長崎への道』（長崎二十六聖人記念館）、『ザビエルの道』（ナガサキ・フォト・サービス）、『新資料 天正少年使節』（南窓社）、『資料と研究 天正少年使節』（純心女子短期大学）、『キリシタンになった大名』（聖母の騎士社）、『長崎を開いた人』（サンパウロ）。

永井《ながい》 隆《たかし》の十字架《じゅうじか》の道行《みちゆき》

絵――永井　隆

著者――結城　了悟

発行所――サン パウロ

〒160-0004　東京都新宿区四谷 1-13　カタオカビル 3 階
宣教推進部（版元）Tel. (03) 3359-0451　Fax. (03) 3351-9534
宣教企画編集部　Tel. (03) 3357-6498　Fax. (03) 3357-6408

印刷所――日本ハイコム㈱

2019 年 5 月 15 日　初版発行

ISBN978-4-8056-6416-2　C0016
落丁・乱丁はおとりかえいたします。